BEI GRIN MACHT SICH IHR WISSEN BEZAHLT

- Wir veröffentlichen Ihre Hausarbeit,
  Bachelor- und Masterarbeit

- Ihr eigenes eBook und Buch -
  weltweit in allen wichtigen Shops

- Verdienen Sie an jedem Verkauf

Jetzt bei www.GRIN.com hochladen und kostenlos publizieren

Das Leib-Seele-Problem, das Experiment als "Königsweg" und die kognitive Wende. Eine Übersicht

Nadine Zippusch

Bibliografische Information der Deutschen Nationalbibliothek:

Die Deutsche Nationalbibliothek verzeichnet diese Publikation in der Deutschen Nationalbibliografie; detaillierte bibliografische Daten sind im Internet über http://dnb.d-nb.de abrufbar.

ISBN: 9783346767295
Dieses Buch ist auch als E-Book erhältlich.

Druck und Bindung: Books on Demand GmbH, Norderstedt Germany
Gedruckt auf säurefreiem Papier aus verantwortungsvollen Quellen

Das vorliegende Werk wurde sorgfältig erarbeitet. Dennoch übernehmen Autoren und Verlag für die Richtigkeit von Angaben, Hinweisen, Links und Ratschlägen sowie eventuelle Druckfehler keine Haftung.

Das Buch bei GRIN: https://www.grin.com/document/1301195

Einsendeaufgaben

Aufgabennummer:

A

SRH Fernhochschule

Modul:

Einführung in die Psychologie

Studiengang:

Psychologie B.Sc.

Verfasserin:

Nadine Zippusch

Inhaltsverzeichnis

Abbildungsverzeichnis

Tabellenverzeichnis

Abkürzungsverzeichnis

EEG: Elektroenzephalogramm

MRT: Magnet-Resonanz-Tomographie

PET: Positronen-Emissions-Tomographie

1 Aufgabe A1

In der ersten Aufgabe befasst sich das Unterkapitel 1.1 mit der Erläuterung des „Leib-Seele-Problems". Es wird auf die Wurzeln des sogenannten Problems eingegangen und darauf welche Sichtweisen es beeinflusst haben. Das Unterkapitel 1.2 beschäftigt sich mit den daraus folgenden Konsequenzen für die Therapie psychischer Störungen aus monistischer und dualistischer Perspektive.

1.1 Erläuterung des „Leib-Seele-Problems"

Mit der antiken griechischen Philosophie begann ein Wandel von mythisch-religiös geprägten Ansichten zu vernunftgesteuerten kritischen Beschäftigungen mit dem menschlichen Erleben und Verhalten.

Sokrates (ca. 470 – 399 v. Chr.) legte mit seiner methodischen Art zu fragen die ersten Wurzeln für das wissenschaftlich begründete psychologische Denken. Er bezeichnete seine dialogische Gesprächsführung als Mäeutik. Dieser griechische Begriff bedeutet „Hebammenkunst", da aus Unkenntnis durch Rückmeldung des anderen, Schritt für Schritt Erkenntnis geboren wurde. [1]
Heute findet man Ansätze des sokratischen Dialogs in der Gesprächstherapie nach Carl Rogers und bei Techniken der kognitiven Umstrukturierung.

Platon (427 – 347 v. Chr.) verschriftlichte die Ideen von Sokrates als sein Schüler. Er begründete den Dualismus indem er nach den eigentlichen „Ideen" hinter den abgebildeten materiellen Gegebenheiten fragte. Das Wort „Idee" leitet sich vom griechischen Wort „eidos" ab. Erkenntnisgewinn bedeute für Platon das schattenhaft Erscheinende zu überwinden um zum Ideellen, das die Erscheinung ausmacht, Zugang zu gewinnen. [2]
Laut Platons Ideenlehre, mit dem damit verbundenen Dualismus, soll die Seele ihre Ideenkenntnis in Zeiten außerkörperlicher Zeit erlangt haben. Diese Ansicht beeinflusste auch das christliche Weltbild nachhaltig. [3]

Aristoteles (384 – 322 v. Chr.) war Mitglied in der platonischen Akademie und beschrieb in „Peri Psychés" wissenschaftstheoretische Probleme, die noch heute als das „Leib-

---

[1] Vgl. *Pritzel* (2016), S. 96, 282
[2] Vgl. *Reuter* (2014), S. 33-35
[3] Vgl. *Werner* (2021), S. 25-26

Seele-Problem" präsent sind. Der lateinische Titel seines Werkes lautet „De Anima" und der deutsche Titel „Über die Seele" und hält fest:

„Zuerst muss man wohl eine Einteilung treffen, zu welcher Gattung die Seele gehört und was sie ist, ich meine damit, ob sie ein bestimmtes Etwas und eine Substanz ist oder ob sie etwas Qualitatives oder etwas Quantitatives oder auch eine andere der unterschiedlichen Kategorien ist. Ferner ab, ob sie zu dem in Möglichkeit Seienden gehört oder eher eine vollendete Wirklichkeit ist." [4]

Diese Thematisierung beschreibt das Problem des Verhältnisses von qualitativem Erleben und Verhalten zur quantitativ messbaren Materie.

Aristoteles postulierte kein hypothetisches Reich der Ideen wie Platon, sondern erkannte die Realität der Dinge in ihrer sich darstellenden Konkretheit durch genaue Beobachtung über die Sinne. Eine Einsicht zum Ideellen gelang Aristoteles bei der Untersuchung von Einzeldingen durch induktive Schlussfolgerungen. [5]

Laut Aristoteles Ursachenlehre soll die Seele die Entelechie eines potentiell lebendigen Wesens sein und ist vom Körper nicht abtrennbar. Aristoteles unterscheidet daher zwischen belebter und unbelebter Natur (einschließlich Pflanzen) und postuliert eine Stufenordnung von Potentialitäten je nach Lebensäußerung mit unterschiedlich komplexen Seelenvermögen. [6]

Aus dem menschlichen Seelenleben beobachtete Aristoteles Tugenden und beschrieb diese in der Nikomachischen Ethik. Die Tugenden sind Übungen der praktischen Vernunft und kennzeichnen das menschliche Streben nach Glück. Um Eudämonie zu erreichen ist das „richtige Maß" von elementarer Bedeutung. Das „richtige Maß" gründet sich in der Mitte des Zuwenigs oder des Zuviels im Zusammenhang mit Beherrschtheit und Unbeherrschtheit, wie Lust und Unlust. Es wird unterschieden zwischen ethischen Tugenden (Tapferkeit, Besonnenheit, Großzügigkeit, Großgeartetheit, Hochsinnigkeit, Ehrliebe, vornehme Ruhe, Aufrichtigkeit und Gerechtigkeit) und Verstandestugenden (Weisheit, Vernunft und Klugheit). [7]

---

[4] *Aristoteles* (2011), S. 8-9
[5] Vgl. *Pritzel* (2016), S. 105
[6] Vgl. *Werner* (2021), S. 28-31
[7] Vgl. *Erdmann* (1878), S. 139-141

Heute findet man Ansätze aus der Nikomachischen Ethik in der „Positiven Psychologie". In den aktuellen Konzepten zur „Selbstwirksamkeit" von Bandura (1977), zur „Flow-Theorie" nach Csikszentmihalyi (2010) und zur Bedürfnispyramide nach Maslow (1943) entdeckt man weitere Kongruenzen. [8]

Die Erkenntnisse aus der antiken griechischen Philosophie wurden in Europa erst wieder mit der Renaissance durch die Scholastik aufgegriffen.

Thomas von Aquin (1224-1274) hatte als Scholastiker das Ziel die Theologie mit der Philosophie gegenseitig zu bestätigen.
Laut Aquin ist die unmittelbar von Gott erschaffene unsterbliche Seele ein substantielles Prinzip, welches jedes lebendige Wesen bereits bei der Zeugung als die „Form-Idee" seines Körpers besitzt. Sie ist eine geistige Substanz mit den Fähigkeiten zum vegetativen, sinnlichen und geistigen Leben, welche in Summe die Beseelung darstellen. [9]
Heute findet man diese Gedanken bei ethischen Fragen wie zum Beispiel der Stamm-zellenforschung.

Johannes Duns Scotus (1266 – 1308) war ein weiterer Scholastiker und prägte in seiner Rechtfertigungslehre das persönliche Wollen und Wirken und den Willen Gottes. Das Kernstück dieser Lehre bildet die Akzeptanztheorie, dass Gott vollkommen und gnädig ist und somit keiner Ergänzung von außen bedarf.
Martin Luther reformierte auf der Betonung der absoluten Unverfügbarkeit Gottes die Kirche. Dank des Buchdrucks von Johannes Gutenberg konnte die Luther Bibel mit dem Ziel das autonome Individuum zu fördern, rasch verbreitet werden. [10]
Heute noch beschäftigt die Psychologie die Frage nach dem „freien Willen". Ein Beispiel liefert das Experiment des Physiologen Bejamin Libet. Hier konnten durch bildgebende Verfahren, Gehirnaktivitäten im motorischen Kortex noch vor der willentlichen Entschei-dung den Zeigefinger zu bewegen, nachgewiesen werden. [11]

René Descartes (1596 – 1650) führte das Individuum durch den Substanzdualismus weiter aus. Eine Substanz ist eine eigenständige Entität mit notwendigen, das Wesen ausmachende Eigenschaften. Descartes definierte eine körperliche („res extensa") und eine geistige Substanz („res cogitans") und nannte ihre jeweiligen

---

[8] Vgl. *Mühlfelder* (2017), S. 10
[9] Vgl. *Kopp* (1935), S. 179
[10] Vgl. *Dettloff* (1983), S. 90-91
[11] Vgl. *Universität Bielefeld* (2005)

Untersuchungsmethoden. Die körperliche Substanz mit dem Attribut der Ausdehnung wird naturwissenschaftlich und experimentell untersucht. Bei der geistigen Substanz mit der Eigenschaft des bewussten Denkens kommen Introspektionen und Reflexion geistiger Prozesse wissenschaftlich zum Tragen.

Das „Leib-Seele-Problem" ist die Grundfrage der Philosophie. Noch heute wird man trotz vieler Fortschritte in der Wissenschaft mit ungeklärten Aspekten in dieser Problematik konfrontiert. Das „Leib-Seele-Problem" beschreibt eine Spannung im alltäglichen Weltbild. Diese entsteht da der Leib (Körper, Gehirn) und Seele (Geist, Bewusstsein) einerseits radikal getrennt wird und auf der anderen Seite in enger Wechselwirkung zwischen den Beiden gedacht wird. [12]

Es wird zwischen dem Dualismus und dem Monismus unterschieden. Beide Gruppen anerkennen die Realität des Körperlichen neben der Sonderstellung des Geistlichen und können daher auch psychophysisch genannt werden.
Den Dualismus gibt es in unterschiedlichen Schattierungen. Die Einigung untereinander besteht in der Überzeugung, dass die Seele eine vom Leib unabhängige Existenz besitzt.
Auch den Monismus gibt es in unterschiedlichen Erscheinungen. Hier wird mit der von Christian Wolff (1679 – 1754) geprägten Einheitslehre jedoch angenommen, dass ausschließlich eine Substanz existiert, oder dass der Leib aufgrund eines Grundprinzips seelische Phänomene erzeugt. [13]

1.2 Konsequenzen für die Therapie psychischer Störungen aus monistischer und dualistischer Perspektive

Mit Hilfe physiologischer und psychologischer Methoden kann man in der Psychosomatik nachweisen, dass seelische Einflüsse körperliche Erkrankungen mitbedingen und verursachen. Der Körper gibt somit eine Antwort auf einen zugrundeliegenden innerseelischen Konflikt, Stress oder Traumata. Man versuchte psychosomatische Erkrankungen nach Organsystemen und Fachgebieten einzuteilen, um

---

[12] Vgl. *Brüntrup* (2008), S. 9, 28
[13] Vgl. *Bunge* (1984), S. 7-8; *Pritzel* (2016), S. 283, 343

Zusammenhänge im multifaktoriellen Geschehen festzustellen. Eine klare Unterscheidung zwischen psychischen, psychosomatischen und rein somatischen Krankheitsbildern ist jedoch nicht möglich. [14]

Heute entwickelt sich aus einem weltumspannenden wissenschaftlichen Netzwerk das biopsychosoziale Modell. Hier fällt das Suggerieren von den zwei Krankheitsklassen „psychosomatisch" und „nicht psychosomatisch" weg. Im biopsychosozialen Modell ist Krankheit und Gesundheit kein Zustand, sondern ein dynamischer Prozess auf biologischer, psychologischer und öko-sozialer Dimension.

Systemhierarchien (Wissenschaftsbereiche):
Konzeptuelles Netzwerk von physischen (materiellen) Begriffen
Biosphäre
Gesellschaft, Nation
Kultur, Subkultur
Gemeinde, Gemeinschaft
Familie
2-Personen-Beziehung
Person (physiologische Gestalt und molares Verhalten)
Organe
Gewebe
Organellen
Moleküle
Atome
Subatomare Teilchen

Eine Basis hierfür lieferte das Engel'sche Modell aus den 1970er Jahren, worin der Mensch als Teil von umfassenden Systemen dargestellt wird. Eine Person besteht wiederum aus einer hierarchischen Ordnung von Systemen, die miteinander verbunden sind. Aufgrund der parallelen Verschaltung kann eine Änderung in einem Steuerungssystem des Organismus auch eine Änderung an das angrenzende System bewirken. [15]

Abbildung 2: Engel'sche Systemaufbau [16]

Auf der Grundlage dieser Kenntnisse können in der Psychotherapie Verhaltensinterventionsprogramme konstruiert werden, die Einfluss auf biochemische Körpernetzwerke nehmen. Zum Beispiel werden durch Bewegung und Sport verschiedenen Botenstoffen im Gehirn freigesetzt, welche sich positiv bei einer Vielzahl von Erkrankungen auswirken. Außerdem können Konditionierungsprozesse und Erwartungseffekte genutzt werden, um Medikamente mit unerwünschten Nebenwirkungen einzusparen und therapeutische Effekte zu maximieren. [17]

---

[14] Vgl. *Klußmann* (2002), S. 3-6
[15] Vgl. *Pauls* (2013), S. 17-18
[16] *Egger* (2015), S. 57
[17] Vgl. *Schedlowski* (2007), S. 129-131

Bei der Betrachtung des Organismus mit sich selbst aufrechterhaltenden Systemen ist es wichtig, alle relevanten über- und untergeordneten Systeme als funktionale Ganzheit zu erfassen. Dazu gehören unter anderem das Physiologische (z.B. Gehirn oder endokrines System mit Veränderung des Hormonspiegels aufgrund von chronischem Stress), das Psychologische (z.B. Komponenten des Erlebens und Verhaltens mit Motivationsschwierigkeiten aufgrund von Depression) und auch der soziale Kontext (z.B. Unterstützung durch das soziale Umfeld). [18]

Selbst die Arzt-Patient-Beziehung ist eine Wirkung der Umwelt auf das Gehirn. Dabei besteht die Möglichkeit den Patienten dualistisch als Objekt zu sehen. Hier findet aufgrund der Spezialisierung auf die Krankheit und der Anwendung von wissenschaftlichen Techniken eine Versachlichung der Beziehung statt. Die Alternative ist den Menschen monistisch als Subjekt wahrzunehmen. Dies geschieht indem der Arzt sich zuerst im Gespräch dem Patienten zuwendet und versucht sich in diesen hineinzufühlen. [19]
Aspekte der Wirklichkeit können aus der Perspektive des Beobachters oder durch die Position des erlebenden Subjekts erfahrbar gemacht werden. Als Beobachter erfährt man Verhaltensdaten, die intersubjektiv bestätigbar sind. Das individuelle Subjekt beschreibt dieselbe Wirklichkeit aus der eigenen erfahrbaren Innenwelt und reagiert darauf mit typischen situations- und personengebundenen Schemata. [20]

Das multifaktorielle integrierte Modell von Weiner versteht den Organismus als eine dynamische Leib-Seele-Funktionseinheit. Die verschiedenen Subsysteme stehen durch den rhythmischen Signalaustauch miteinander in Beziehung. Wie Hormone oder Neurotransmitter erfüllen die Kommunikationssignale analoge Funktionen.
Durch das Verwenden von materiellen Begriffen für körperliche Funktionen und von nicht-materiellen Begriffen für die Funktionen von geistigen Phänomenen erscheint das Leib-Seele-Problem dualistisch, da die Sprache der Materie und nicht die Sprache der Funktion benutzt wird. [21]

---

[18] Vgl. *Lurija* (1978), S. 640-647
[19] Vgl. *Meyer* (2005), S. 59-60
[20] Vgl. *Egger* (2015), S. 67
[21] Vgl. *Weiner* (1991), S. 465-481

2 Aufgabe A2

In der zweiten Aufgabe wird im Unterkapitel 2.1 erklärt, warum das Experiment als „Königsweg" in der psychologischen Forschung zur Gewinnung neuer Erkenntnisse betrachtet wird. Das Unterkapitel 2.2 beschäftigt sich mit den Vor- und Nachteilen psychologischer Experimente im Vergleich mit Feldstudien.

2.1 Betrachtung des Experiments als „Königsweg" in der psychologischen Forschung

Die experimentelle Psychologie wurde von Wilhelm Wundt (1832-1920) ins Leben gerufen, indem er 1879 das erste psychologische Labor an der Universität Leipzig gründete. Zur Erkenntnisgewinnung orientierte sich Wundt bei seinem experimentellen Vorgehen an den naturwissenschaftlichen Methoden aus der Physiologie und Psychophysik.

Aus dem Teilgebiet der Psychophysik stammte 1860 das Weber-Fechner'sche-Gesetz, welches den logarithmischen Verlauf der Sinneseindrucksstärke zur Intensität des physikalischen Reizes beschreibt. [22]

Wundt kennzeichnete, die Wiederholbarkeit, das willkürliche Einwirken und die Variation der Bedingungen als Merkmale von kontrollierbaren Experimenten. [23]

Die Aufgabe der modernen Psychologie als empirische Wissenschaft ist es, menschliches Erleben sowie Verhalten zu beschreiben, zu erklären, vorherzusagen und gegeben falls Anleitungen zur Veränderung zu geben.

Dabei gibt es einerseits das induktive Vorgehen, wobei vom Besonderen auf das Allgemeine geschlossen wird (qualitativ), um neue Hypothesen zu finden.

Andererseits werden beim deduktiven Vorgehen, wobei man vom Allgemeinen auf das Spezifische schlussfolgert (quantitativ), Hyperthesen überprüft. [24]

Um die theoretische Ebene mit der empirischen Ebene zu verknüpfen bedarf es außerdem der Operationalisierung. Darunter versteht man alle Vorgänge („Operationen"), wie z.B. das Verwenden von Skalen, mit denen ein theoretischer Begriff für die wissenschaftliche Untersuchung beobachtbar und messbar gemacht wird. [25]

---

[22] Vgl. *Pritzel* (2016), S. 316, 344
[23] Vgl. *Bredenkamp* (1996), S. 37-38
[24] Vgl. *Bak* (2015), S. 7
[25] Vgl. *Steinbrecher* (2022), S. 197

Um Kausalhypothesen zu überprüfen ist das Experiment der Königsweg zur Erkenntnis, da damit die postulierten Ursache-Wirkungs-Relationen unter Ausschaltung von Störeinflüssen aktiv hergestellt werden können.

Laut einem definierten Versuchsplan verwendet man als Ursachenfaktoren eine oder mehrere unabhängige Variablen, die man verändert, um die Wirkung auf eine oder mehrere abhängige Variablen zu untersuchen.

Um die interne Validität nicht zu gefährden, wird darauf geachtet, dass die abhängigen Variablen nicht ohne das Zutun von unabhängigen Variablen beeinflusst werden. In diesem Zusammenhang spricht man von der Registrierung und dem Umgang mit personengebunden und umwelt- bzw. untersuchungsbedingten Störvariablen. [26]

Um personenbezogene Störfaktoren auszuschließen werden die Versuchspersonen per Zufallsprinzip (Randomisierung) einer Experimental- und einer Kontrollgruppe zugeteilt. Man achtet darauf, dass alle Personen hinsichtlich relevanter Merkmale ähnlich sind. Experimente finden oft im Labor statt, da dort die umwelt- bzw. untersuchungsbedingten Störfaktoren eliminiert oder konstant gehalten werden können. [27]

Bei den Versuchspersonen als auch bei den Versuchsleitenden können Erwartungseffekte das Ergebnis beeinflussen. Um dies zu vermeiden arbeitet man mit „blinden" Versuchspersonen, die kein Detailwissen über den Versuchsablauf haben. Teilweise verwendet man auch eine Coverstory, die zur Ablenkung eine andere Zielsetzung mitteilt.

Um Versuchsleitereffekte auszuschließen arbeitet man ebenfalls mit „blinden" Versuchsleitern und spricht dann von einem Doppelblind-Versuch. Bei einem Dreifachblind-Versuch wissen zusätzlich die Auswerter nicht, welche Daten sie analysieren.

Die Teilnahme an Experimenten muss stets freiwillig sein und den Richtlinien der Forschungsethik entsprechen. Die im Rahmen einer Verblindung eingesetzten Methoden erfordern eine nachträgliche Aufklärung (Debriefing). [28]

Neben dem klassischen Experiment gibt es auch das Quasi-Experiment. Hier verwendet man zur Überprüfung des kausalen Einflusses vorgefundene Gruppen um die unabhängigen Variablen zu verändern. Da keine Randomisierung stattfindet, können Gruppenunterschiede in Bezug auf die abhängigen Variablen nicht eindeutig auf die

---

[26] Vgl. *Döring/Bortz* (2016), S. 196
[27] Vgl. *Eifler/Leitgöb* (2019), S. 209
[28] Vgl. *Döring/Bortz* (2016), S. 197-198

unabhängigen Variablen zurückgeführt werden. Somit verringert sich die interne Validität hinsichtlich personengebundener Störvariablen. [29]

Um diese Einbußen auszugleichen muss der Einfluss intervenierender Drittvariablen kontrolliert werden.

Bei nur zwei Versuchsbedingungen geschieht dies durch Parallelisierung anhand eines blockbildenden Merkmals zu Paaren, die dann gleichmäßig auf die Experimental- und Kontrollgruppe verteilt werden. Blockbildende Merkmale sind immer unveränderbare unabhängige Organismusvariablen, die Eigenschaften eines Individuums beschreiben und nur sortiert werden können.

Beim „Blockbildung" oder „Matched Samples" werden die Versuchspersonen anhand eines blockbildenden Merkmals zufällig zu verschiedenen Versuchsbedingungen zuge-ordnet. Auf diese Weise wird eine gematchte Kontrollgruppe gebildet.

Durch Parallelisieren und Matching entstehen abhängige Stichproben für die weitere statistische Auswertung.

Eine weitere Kontrolltechnik besteht darin, dass Störvariablen in das Untersuchungsdesign aufgenommen werden, nachdem sie in eine weitere unabhängige Variable oder in eine Kontrollvariable umgewandelt wurden.

Außerdem können durch Wiederholungsmessungen die personengebunden Störvariablen bei verschiedenen Stufen der unabhängigen Variablen kontrolliert und konstant gehalten werden. [30]

2.2 Vor- und Nachteile psychologischer Experimente im Vergleich mit Feldstudien

Als Untersuchungsort kann neben dem Labor auch das Feld gewählt werden. Die Feld-studie findet in einem natürlichen Umfeld statt und dies erhört die externe Validität, da die Ergebnisse aufgrund der natürlichen Bedingungen besser generalisiert werden können.

Das Laborexperiment findet in einer kontrollierten Umgebung statt und hat durch die damit gegebene kausale Interpretierbarkeit den Vorteil einer hohen internen Validität. Laborexperimente sind vorteilhaft, wenn man für die Messung der abhängigen Variablen Apparaturen braucht oder Usability-Tests durchführen möchte, in denen die Ge-brauchstauglichkeit von technischen Geräten geprüft wird.

---

[29] Vgl. *Engelschalk* et al. (2019), S. 545
[30] Vgl. *Technische Universität Dresden* (2005)

Durch das Ausschließen der Störvariablen kommt es im Laborexperiment jedoch zum Nachteil der geringen externen Validität, da künstliche Effekte nicht auf den Alltag übertragbar sind. Ein weiterer Nachteil besteht darin, dass ein passendes Labor mit Personal für die Experimentdurchführung benötigt wird und dass die Probanden zum Aufsuchen des Forschungslabors motiviert werden müssen.

Feldstudien treten je nach Forschungsdesign in unterschiedlichen Formen auf. Es gibt die nicht-experimentelle Feldstudie, in der vorgefundene Gruppen hinsichtlich vorgefundener Unterschiede auf den abhängigen Variablen verglichen werden. Somit findet weder eine Randomisierung noch eine Veränderung der unabhängigen Variablen statt. Naturgegebene Ursachenfaktoren, die auf bestimmte Menschen einwirken (Experimentalgruppe) und auf andere nicht (Kontrollgruppe) werden im Nachhinein konstatiert. Deshalb bezeichnet man nicht-experimentelle Studien auch als Ex-post-facto-Studien.

Es sind auch experimentelle Studien im Feld realisierbar. [31]

Dazu gehört die quasi-experimentelle Felduntersuchung, die unter möglichst natürlichen Bedingungen stattfindet und dadurch einer zusätzlichen Kontrolle der umwelt- und untersuchungsbedingter Störvariablen bedarf. Im Rahmen von Pretests werden die Qualität des Erhebungsdesigns, der Erhebungsinstrumente und der Umsetzung gesichert. Durch unterschiedliche Fragen an die Probanden werden mögliche Schwierigkeiten im Vorhinein identifiziert und berücksichtigt, um die Standardisierung nach Beginn der Feldphase nicht zu gefährden. [32]

Das Feldexperiment erfüllt hingegen alle experimentellen Kriterien und weist somit eine hohe interne und externe Validität auf. Ein bekanntes Beispiel ist das „Stanford-Prison-Experiment", bei dem die Feldbedienungen als Gefängnis simuliert wurden. [33]

Je nach Untersuchungsfeld und Untersuchungsdauer entstehen für den Forschenden ein entsprechender Zeit- und Kostenaufwand. Einen weiteren Nachteil der Feldstudien stellt der Kooperationszwang mit den Verantwortlichen vor Ort dar, wenn es sich nicht um öffentlich frei zugängliche Plätze handelt.

Tabelle 1 stellt eine Zusammenfassung der Unterschiede von psychologischen Experimenten und Feldstudien dar. Die Vor- und Nachteile ergeben sich hauptsächlich aus den unterschiedlichen Ausprägungen der internen und externen Validität.

---

[31] Vgl. *Döring/Bortz* (2016), S. 206-207
[32] Vgl. *WeichboldBaur/Blasius* (2019), S. 349
[33] Vgl. *Social Psychology Network* (2015)

	Externe Validität: gering	Externe Validität: hoch
Interne Validität: hoch	Laborexperiment	Feldexperiment
Interne Validität: gering	Quasi-experimentelle Laborstudie	Quasi-experimentelle Feldstudie

Tabelle 1: Validität für (quasi)experimentelle Labor- und Feldstudien [34]

---

[34] Eigene Darstellung, in Anlehnung an *Döring/Bortz* (2016), S. 208

3 Aufgabe A3

In der dritten Aufgabe befasst sich das Unterkapitel 3.1 mit der Erläuterung der Perspektivenveränderung in der kognitiven Wende im Vergleich zum Behaviorismus. Es wird auf die Sichtweisen eingegangen welche die Entwicklung beeinflusst haben. Das Unterkapitel 3.2 beschäftigt sich mit dem Beitrag von computergestützten bildgebenden Verfahren zur Erforschung psychischer Prozesse.

3.1 Erläuterung der Perspektivenveränderung in der „Kognitive Wende" der 1960er und 1970er Jahre im Vergleich zum Behaviorismus

Nach dem Vorbild des ersten psychologischen Labors in Leipzig von Wundt folgten viele weiterer Institutsgründungen, um den Aufbau des menschlichen Bewusstseins zu erforschen.

Mit dem Amerikaner John B. Watson (1878-1958) konnte sich die Psychologie als universitäre Wissenschaft durchsetzen. Dies geschah durch eine an den Darwinismus angelehnte funktionalistisch-behavioristische Umorientierung, welche die Erforschung des objektiv beobachtbaren Verhaltens in das Zentrum rückte. Das messbare Verhalten aus tierexperimentellen Studien wurde sinngemäß auch auf das menschliche Verhalten übertragen. [35]

Dabei orientierte sich Watson an den physiologischen Ansatz des russischen Forschers Iwan P. Pawlow (1849-1939). Dieser besagt, dass dem Lernen die Bildung einer Assoziation zugrunde liegt. Durch die gleichzeitige oder zeitnahe Verbindung von einem Stimulus (S) und einem Reflex (R) entsteht die Assoziation. Pawlow beobachtete, wie sich durch regelmäßige Koppelung eines Stimulus mit einem neutralen Zusatzreiz ein bedingter bzw. konditionierter Reflex bildet. Der Reflex sorgt auch dann für die Reaktionsauslösung, wenn der neutrale Reiz alleine verwendet wird. Diese Reizsubstitution bzw. klassische Konditionierung wurde im Versuch einer Hundefütterung mit gleichzeitigem Glockenläuten und Messung der Speichelabsonderung bestätigt. Nach mehrfacher Koppelung erfolgte eine Speichelsekretion nämlich nicht nur bei Nahrungsdarbietung, sondern auch beim alleinigen Glockenton. [36]

---

[35] Vgl. *Pritzel* (2016), S. 342
[36] Vgl. *Melezinek* (2013), S. 66-67

Neben der klassischen Konditionierung als elementaren Lernprozess entwickelte sich durch den amerikanischen Psychologen Edward L. Thorndike (1874-1949) die instrumentelle Konditionierung. Thorndike beschreibt das Lernen als einen allmählichen einprägenden Prozess, der aus den elementaren Prinzipien „Versuch und Irrtum" besteht. Dabei tendiert durch das Gesetz der Auswirkung (law of effect), verstärktes Verhalten dazu, wiederholt zu werden. Ein Verstärker wird als Reiz definiert, welcher die Wahrscheinlichkeit eines Verhaltens erhöht. Wenn die Reaktionswahrscheinlichkeit aufgrund eines positiven Reizes (z.B. Futter) ansteigt, handelt es sich um eine positive Verstärkung. Bei einer negativen Verstärkung wird ein Verhalten durch Beendigung eines negativen oder aversiven Reizes (z.B. elektrischer Schock) bestärkt. [37]

Der amerikanische Psychologe Burrhus F. Skinner (1904-1990) konzipierte im Anschluss die „Skinner-Box". Hier handelt es sich um einen Käfig indem Verhaltensweisen von Tauben oder Ratten in systematischer Weise durch Verstärkung operant konditioniert werden. Außerdem erarbeitete Skinner Konzepte zur Verstärkungskontingenz und stellte fest, dass intermittierende Verstärkung besonders nachhaltig ist. Durch sukzessive selektive Verstärkung konnten wiederum bestimmte gewünschte Verhaltensmerkmale geformt werden (Shaping).
Der behavioristische Ansatz wird auch als SR (Stimulus-Response) -Theorie bezeichnet und hatte großen Einfluss auf die psychologische Praxis. Man findet diesen heute in der Verhaltenstherapie zum Beispiel durch das Token-Reward-System umgesetzt. Mit diesem System bzw. Belohnungsplan soll durch systematische Anreize gewünschtes Verhalten erzielt werden. [38]

Laut Behaviorismus gehen mentale Prozesse als Zwischenschritt von Reiz und Reaktion in der sogenannten Blackbox vor sich und können, da sie nicht beobachtbar sind, wissenschaftlich nicht erklärt werden. Durch dieses Ausklammern menschlicher innerseelischer Vorgänge und durch die Überschätzung des Objektivierbaren kam es immer wieder zu Kritik.
Chomsky (geb. 1928) ist ein bekannter Kritiker von Skinners Werk „Verbal Behavoir". Er stellte den von Skinner beschriebenen funktionell-behavioristischen Mechanismen zum Spracherwerb eine nativistisch-strukturanalytische Ansicht entgegen und war somit am Paradigmawechsel vom vorherrschenden Behaviorismus zum Beginn der kognitiven Wende beteiligt. [39]

---

[37] Vgl. *Tarpy* (1979), S. 29
[38] Vgl. *Holzkamp* (1989), S. 70
[39] Vgl. *Büsel* (2022), S. 3-4

Auch die Arbeiten aus den 1960er Jahren von Hunt und Hovland markierten den Übergang zu einer kognitionsorientierten Wissenschaft. Sie beschäftigten sich mit unterschiedlichen Konzepterwerbsstrategien und schrieben dazu auch entsprechende Rechnerprogramme. Beobachtbare Leistungen konnten nun mit Computersimulation erklärt werden, da auf Prozesse verwiesen wurde, die zu den Leistungen führten und auf Systeme, die diese Prozesse wiederum genierten.

Die Kognitionswissenschaft orientiert sich an individuellen Informationsverarbeitungsprozessen. Sie beschäftigt sich mit den Disziplinen Psychologie, Linguistik, Neurowissenschaft, Philosophie, Antropologie und Informatik mit dem Teilgebiet Künstliche Intelligenz (KI), welche in Summe nach Bara (1995) als das „Kognitive Sechseck" bezeichnet werden. [40]

Aus anfänglicher Kritik und Relativierung von SR-theroretischen Ansätzen entwickelte sich in den 1960er und 1970er Jahren mit dem sozio-kulturellen Phänomen der kognitiven Wende nach und nach eine eigenständige Forschungsrichtung. Das erste Lehrbuch mit dem Titel „Cognitive Psychology" erschien 1967 (dt. 1974) von Ulric Neisser. [41]

3.2 Beitrag von computergestützten bildgebenden Verfahren zur Erforschung psychischer Prozesse

Die Psychologie des 21. Jahrhundert mit Schnittstellen zu Sozialwissenschaften, Geisteswissenschaften und Naturwissenschaften weist ein großes Spektrum an theoretischen Grundlagen, Methoden und Anwendungsfächern auf.

Ein wichtiges Grundlagenfach ist die Biopsychologie. Sie nutzt biologischen Methoden aus nichtpsychologischen Disziplinen wie z.B. der Physiologie oder Neurobiologie, um Erkenntnisse zum Aufbau und zur Funktionsweise von Organismen zu gewinnen. Mit psychophysiologischen Methoden werden dann die Zusammenhänge von Psyche und Physis untersucht und mithilfe bildgebender Verfahren aus den 1990er Jahren dargestellt. [42]

---

[40] Vgl. *Tack* (1996), S.6
[41] Vgl. *Gardner* (1989), S. 45
[42] Vgl. *Schröger* et al. (2022), S. 31-33

Um die Gehirnaktivität darzustellen, sowie zur Diagnostik von Epilepsie und Schlafstörungen, benutzt man Daten für ein Elektroenzephalogramm (EEG). Diese Daten erhält man von Elektroden, die an der Schädeloberfläche angebracht werden und so die elektrische Spannung der aktiven Nervenzellen messen. In einem Experiment wurde gezeigt, dass mit dem EEG auch die Beziehung zwischen psychischer Aktivität und Gehirnreaktion dargestellt werden kann. Hierzu mussten Probanden Gesichter ansehen und vorhersagen, ob sie diese zu einem späteren Zeitpunkt wiedererkennen würden. Während der Entscheidung wurden Gehirnaktivitätsmuster gemessen, welche prägnante Aufschlüsse zur Vorhersage der tatsächlich wiedererkannten Gesichter gaben. [43]

Um das Gehirn bildlich darzustellen ohne den Schädel zu öffnen, sowie zur Erkennung von Abnormitäten oder Schädigungen nach einem Schlaganfall oder Krankheiten, benutzt man bildgebende Verfahren wie die Magnet-Resonanz-Tomographie (MRT). Die MRT arbeitet mit Magnetfeldern und Radiowellen zur Herstellung von Energieimpulsen im Gehirn. Atome richten sich durch Magnetimpulse auf verschiedenen Frequenzen in Richtung des Magnetfeldes aus. Beim Abstellen der Magnetimpulse orientieren sich die Atome in ihre Ursprungslage zurück und erzeugen durch Vibration eine Resonanz. Diese wird durch spezielle Wellenempfänger geortet und an einen Computer weitergeleitet, welcher dann Bilder der unterschiedlichen Atompositionen im Gehirn generiert. Mithilfe dieser Bilder können verschiedene Hirnareale ausgemacht werden und Hirnstrukturen mit psychischen Prozessen in Verbindung gebracht werden. [44]

Um Gehirninformationen darzustellen und aufzuzeigen welche Neurotransmitter die Nervenzellenaktivität verändern, verwendet man Scans der Positronen-Emissions-Tomographie (PET). Es gibt dabei verschiedene Vorgehensweisen, je nach Untersuchung der chemischen Substanz.
Zum Beispiel werden unterschiedliche Isotope injiziert, welche sich daraufhin im Gehirn verbreiten. Beim Zerfall des Isotops setzt sich ein Positron frei, dass auf ein Elektron stößt. Außerdem werden dabei zwei Gammaphotonen ausgesendet, die den Körper verlassen und dabei von ringförmig um den Kopf angebrachten Gammastrahlendetektoren erfasst werden. Der Computer berechnet daraufhin wo genau der Zerfall im Gehirn stattgefunden hat.
Es können auch unterschiedliche radioaktive Substanzen injiziert werden und somit der Blutfluss zu aktivierten Nervenzellen nachvollzogen werden. Mit den Einsichten in

---

[43] Vgl. *Sommer* et al. (1995), S. 1-11
[44] Vgl. *Gerrig/Zimbardo* (2008), S. 87

neurochemische Prozesse wird ein dynamisches Bild erstellt, worauf gezeigt wird in welchen Hirnregionen verschiedene psychische Aktivitäten stattfinden.

Allerdings ist der Einsatz von PET sehr teuer und bringt aufgrund der Strahlenbelastung auch ein Gesundheitsrisiko mit sich. [45]

Bei der funktionalen Magnet-Resonanz-Tomographie (fMRT) werden die Vorteile von anatomischen Details aus dem MRT sowie die Vorteile von genauen Funktionsinformationen aus dem PET vereint.

Es werden keine radioaktiven Substanzen verwendet, sondern mit dem BOLD-Kontrast gearbeitet („Blood Oxygenation Level Dependent Contrast"). Dieser kommt zustande, da sich je nach Aktivität die Blutversorgung eines Hirngebietes lokal verändert. Allgemein wird Energie durch den oxidativen Stoffwechsel freigesetzt, indem Sauerstoff bei der Umwandlung von Adenosintriphosphat (ATP) in Adenosindiphosphat (AD) verbraucht wird. Im Blut wird Sauerstoff durch die Anbindung an Hämoglobin transportiert. Hämoglobin enthält wiederum ein Eisenatom mit magnetischen Eigenschaften.

Das Magnetfeld aus dem MRT kann somit zwischen sauerstoffreiches und sauerstoffarmes Blut unterscheiden. [46]

---

[45] Vgl. *Büchel* et al. (2012), S. 10
[46] Vgl. *Kwong* et al. (1992), S. 5675-5679

Literaturverzeichnis

Aristoteles. (2011), Über die Seele: Griechisch/Deutsch (Reclams Universal-Bibliothek Bd. 18602), Stuttgart.

Bak, P. M. (2016), Wie man Psychologie als empirische Wissenschaft betreibt: Wissenschaftstheoretische Grundlagen im Überblick, Wiesbaden.

Bredenkamp, J. (1996), Grundlagen experimenteller Methoden. In: *Erdfelder, E.* (Hrsg.), Handbuch Quantitative Methoden, Mannheim, S. 37-46.

Brüntrup, G. (2008), Das Leib-Seele-Problem: Eine Einführung, 3. Aufl., Stuttgart.

Büchel, C./Karnath, H.-O./, Thier, P. (2012), Methoden der kognitiven Neurowissenschaften. In: Karnath, H.-O./Thier, P. (Hrsg.), Kognitive Neurowissenschaften, 3. Aufl., Berlin, S. 9-32.

Bunge, M. (1984), Das Leib-Seele-Problem: Ein psychobiologischer Versuch, Tübingen.

Büsel, C. (2022), Psychologische Experimente: Grundwissen, Planung und Durchführung mit Open-Source-Software, Berlin.

Dettloff, W. (1983), Die franziskanische Theologie des Johannes Duns Scotus, Wissenschaft und Weisheit: Zeitschrift für augustinisch-franziskanische Theologie und Philosophie in der Gegenwart, 46. Jg., Nr. 1, S. 81-91.

Döring, N./Bortz, J. (2016), Forschungsmethoden und Evaluation in den Sozial- und Humanwissenschaften, 5. Aufl., Berlin, Heidelberg.

Egger, J. W. (2015), Integrative Verhaltenstherapie und psychotherapeutische Medizin: Ein biopsychosoziales Modell, Wiesbaden.

Eifler, S./Leitgöb, H. (2019), Experiment. In: *Baur, N./Blasius, J.* (Hrsg.), Handbuch Methoden der empirischen Sozialforschung, Wiesbaden, S. 203-218.

Engelschalk, T./Daumiller, M./Reindl, M./Dresel, M. (2019), Forschungsmethoden. In: *Urhahne, D./Dresel, M./Fischer, F.* (Hrsg.), Psychologie für den Lehrberuf, Berlin, Heidelberg, S. 533-561.

Erdmann, J. E. (1878), Grundriss der Geschichte der Philosophie (Bd. 1), 3. Aufl., Berlin, Heidelberg.

Gardner, H. (1989), Dem Denken auf der Spur: Der Weg der Kognitionswissenschaft, Stuttgart.

Gerrig, R. J./Zimbardo, P. G. (2008), Psychologie, 18. Aufl., München.

Holzkamp, K. (1989), Die »kognitive Wende« in der Psychologie zwischen neuer Sprachmode und wissenschaftlicher Neuorientierung, Forum Kritische Psychologie, 23. Jg., Nr. 1, S. 67-85.

Klußmann, R. (2002), Psychosomatische Medizin, 5. Aufl., Berlin.

Kopp, P. (1934), Psychiatrisches bei Thomas von Aquin, Zeitschrift für die gesamte Neurologie und Psychiatrie, 152. Jg., Nr. 1, S. 178–196.

Kwong, K. K./Belliveau, J. W./ Chesler, D.A./Goldberg, I. E./Weisskoff, R. M./Poncelet, B. P. et al. (1992), Dynamic magnetic resonance imaging of human brain activity during primary sensor ystimulation, Proceedings oft he National Academy of Sciences oft he United States of America, 89. Jg., Nr. 12, S. 5675-5679.

Lurija, A. R. (1978), Zur Stellung der Psychologie unter den Sozial- und Biowissenschaften, Gesellschaftswissenschaftliche Beiträge, 31. Jg., Nr. 1, S. 640-647.

Melezinek, A. (1999), Ingenieurpädagogik: Praxis der Vermittlung technischen Wissens, 4. Aufl., Wien.

Meyer, O. (2005), Leib-Seele-Problem und Medizin: Ein Beitrag anhand des frühen 20. Jahrhunderts, Würzburg.

Mühlfelder, M. (2017), Einführung in die Psychologie, Studienbrief der SRH Fernhochschule, Riedlingen.

Paus, H. (2013), Das biopsychosoziale Modell – Herkunft und Aktualität Resonanzen, E-Journal für Biopsychosoziale Dialoge in Psychotherapie, Supervision und Beratung, 1. Jg., Nr. 1, S. 15-31.

Pritzel, M. (2016), Die akademische Psychologie: Hintergründe und Entstehungsgeschichte, Berlin, Heidelberg.

Reuter, H. (2014), Geschichte der Psychologie, Göttingen.

Schedlowski, M. (2007), Gezielte Verhaltensinterventionsprogramme können das biochemische Netzwerk im Körper beeinflussen, Verhaltenstherapie, 17. Jg., Nr. 1, S. 129-131.

Schröger, E./Grimm, S./Müller, D. (2022), Biologische Psychologie, 2. Aufl., Berlin, Heidelberg.

Social Psychology Network (2015): Stanford Prison Experiment, https://www.prisonexp.org, abgerufen am 01.11.2022.

Sommer, W./Heinz, A./Leuthold, H./Matt, J./Schweinberger, S. R. (1995), Metamemory, distinctiveness, and event-related potentials in recognition memory for faces, Memory & Cognition, 23. Jg., Nr. 1, S. 1–11.

Steinbrecher, M. (2022), Operationalisierung. In: *Tausendpfund, M.* (Hrsg.), Forschungsstrategien in den Sozialwissenschaften: Eine Einführung, Wiesbaden, S. 195-223.

Tack, W. H. (1997), Kognitionswissenschaft: eine Interdisziplin, Kognitionswissenschaft, 6. Jg., Nr. 1, S. 2–8.

Tarpy, R. M. (1979), Lernen: Experimentelle Grundlagen, Berlin.

Technische Universität Dresden (2005): Max-Kon-Min-Prinzip, https://methpsy.elearning.psych.tu-dresden.de/mediawiki/index.php/Max-Kon-Min-Prinzip, abgerufen am 01.11.2022.

Universität Bielefeld (2005): Die Libet-Experimente, www.philosophieverstaendlich.de/freiheit/aktuell/libet.html, abgerufen am 01.11.2022.

Universität Göttingen (2022): Aristoteles. Wien, Kunsthist. Mus., https://viamus.uni-goettingen.de/pages/imageView?Object.Id:record:int=62, abgerufen am 05.11.2022.

Weichbold, M. (2019), Pretest. In: Baur, N./ Blasius, J. (Hrsg.), Handbuch Methoden der empirischen Sozialforschung, Wiesbaden, S. 349-356.

Weiner, H. (1991), Der Organismus als leib-seelische Funktionseinheit: Folgerungen für eine psychosomatische Medizin, Psychotherapie, Psychosomatik, Medizinische Psychologie, 41. Jg., Nr. 12, S. 465-481.

Werner, M. H. (2021), Einführung in die Ethik, Berlin, Heidelberg.